Animales de la montaña

de **Sharon Gordon**

Asesora de lectura: Nanci R. Vargus, Dra. en Ed.

Marshall Cavendish
Benchmark
Nueva York

Palabras ilustradas

 águila

 alce

 borrego cimarrón

 cabra montés

halcón

 montaña

 oso pardo

 puma

Mira a los animales de la .

Mira al saltar
sobre las rocas.

Mira al  beber agua.

Mira al descansar en la hierba.

Mira al  volar a
su nido.

Mira al atrapar un pez.

Mira a la escalar
las rocas.

Mira al volar sobre los árboles.

Los animales de la  también te miran.

Palabras para aprender

atrapar agarrar algo

escalar trepar con la ayuda de los pies
y las manos

saltar dar un brinco

Datos biográficos de la autora

Sharon Gordon es autora, editora y redactora publicitaria. Es egresada de la Universidad Estatal de Montclair en Nueva Jersey y ha escrito más de cien libros para niños, varios para Marshall Cavendish, entre los que se incluyen trabajos de ficción, no ficción e historia cultural. Junto con su familia, disfruta explorar la fauna y la flora de Outer Banks, Carolina del Norte.

Datos biográficos de la asesora de lectura

Nanci R. Vargus, Dra. en Ed. quiere que todos los niños disfruten con la lectura. Ella solía enseñar el primer grado. Ahora trabaja en la Universidad de Indianápolis. Nanci ayuda a los jóvenes para que sean maestros. En las montañas de Perú vio borregos, cabras y llamas.

Marshall Cavendish Benchmark
99 White Plains Road
Tarrytown, NY 10591
www.marshallcavendish.us

Library of Congress Cataloging-in-Publication Data
Gordon, Sharon.
[Mountain animals. Spanish]
Animales de la montaña / por Sharon Gordon; asesora de lectura, Nanci R. Vargus.
p. cm. – (Rebus. Animales salvajes)
Includes index.
ISBN 978-0-7614-3429-0 (Spanish edition) – ISBN 978-0-7614-2900-5 (English edition)
1. Mountain animals–Juvenile literature. I. Title.
QL113.G6718 2008
591.75'3–dc22
2008018206

Editor: Christine Florie
Publisher: Michelle Bisson
Art Director: Anahid Hamparian
Series Designer: Virginia Pope

Traducción y composición gráfica en español de Victory Productions, Inc.
www.victoryprd.com

Photo research by Connie Gardner

Rebus images, with the exception of bighorn sheep and mountain goat, provided courtesy of *Dorling Kindersley.*

Cover photo by Mary Clay/Dembinsky Photo Associates

The photographs in this book are used with permission and through the courtesy of:
Corbis: p. 2 Kevin Schafer (bighorn sheep); pp. 3, 17 Wayne Lockwood (mountain sheep);
p. 5 Morgan David de Lossy; p. 9 Momatiuk-Eastcott; p. 19 Perry Conway;
Peter Arnold: p. 7 S. Muller; *Getty Images:* p. 11 Jeff Foott; p. 13 Klaus Nigge; *DRK Photo:* pp. 15, 21.

Impreso en Malasia
1   3   5   6   4   2